Meine allerliebsten

# Tiergeschichten

# Inhalt

# Ein neuer Freund

„Fanny“, sagte die Elefantenmutter zu ihrem Elefantenkind, „ich bin gleich wieder da. Ich will uns nur schnell etwas zu essen besorgen. Kannst du auch ganz bestimmt alleine bleiben?“ – „Klar, Mami, ich bleib hier und spiele was“, sagte Fanny, die gar keine Lust hatte, ihre Mutter zu begleiten.

„Du musst mir aber versprechen, dass du schön zu Hause bleibst." – „Ja, jetzt mach dir keine Sorgen. Ich bin doch schon groß und kann selbst auf mich aufpassen." Das überzeugte die Elefantenmutter und sie machte sich auf den Weg.
Fanny ging derweil in den Schatten und machte es sich auf dem Boden bequem. Ach, was ist das schön, so faul zu sein, dachte sie. Dann drehte sie sich auf den Rücken und legte das rechte Bein über das linke. Irgendwie ist das ungemütlich, dachte Fanny, und legte nun das linke über das rechte Bein. Auch ungemütlich. Außerdem ist es hier viel zu langweilig. Fanny wollte viel lieber die Gegend erkunden, nur für kurze Zeit, da würde Mama sicher nichts dagegen haben.

Fanny stolzierte also herum und blickte neugierig umher. Immer weiter entfernte sie sich von ihrem Zuhause. Als sie den See erblickte, war Fanny nicht mehr zu halten. „Oh, wie schön!“, jauchzte sie. Sie stapfte mit den Füßen im See herum, nahm mit dem Rüssel eine riesige Menge Wasser auf und verspritzte es dann in einem dicken Schwall über ihrem Rücken. Fanny fühlte sich so richtig wohl.

Gar nicht wohl fühlte sich allerdings Pepe, der Papagei. Pepe wurde nämlich ganz empfindlich in seiner Mittagsruhe gestört. Fanny hatte ihn aus seinem schönsten Papageientraum geweckt. „Hau ab!“, rief Pepe. „Du hast hier nichts zu suchen.“
„Was ist denn los?“, wunderte sich Fanny. „Wer redet denn da mit mir?“ – „Ich“, krächzte der Papagei und flatterte aus seinem Versteck hervor. „Mach, dass du nach Hause kommst, ich will meine Ruhe.“ – „Aber ich stör dich doch gar nicht.“ – „Doch, du bist zu laut.“ Pepe schimpfte so sehr mit Fanny, dass ihr die Lust am Baden verging. Also nahm sie sich vor, den Papagei nicht weiter zu beachten und nach Hause zu trotten.

Aber – oh Schreck, in welche Richtung musste sie gehen? Fanny schaute nach links und nach rechts. Wo sollte sie lang? Verzweifelt drehte sich das Elefantenkind im Kreis.
Aber zum Glück hatte der Papagei sie beobachtet und flog herbei. „Ich kann dir einen guten Tipp geben, wie du den Weg zurück findest."
„Oh ja, bitte", flehte Fanny, „sonst macht sich meine Mama große Sorgen."

„Pass auf“, sagte der Papagei und flatterte auf den Boden. „Siehst du die Abdrücke hier? Die stammen von deinen Füßen. Folge einfach deiner Spur und du findest den Weg zurück.“ – „Oh wirklich, hier sind meine Spuren!“ Fanny bedankte sich erleichtert. „Jetzt schaffe ich es bestimmt!“ Doch um sicherzugehen, dass Fanny auch wirklich zu Hause ankam, begleitete Pepe sie.
Und so hatte Fanny nicht nur den Weg zurück, sondern auch einen neuen Freund gefunden.

# Luftballons und Igelstacheln

„Hey, was ist denn das?“ Neugierig schnüffelte Pepo, das Igelkind, an einer kleinen Schachtel herum, die auf dem Boden lag.
„Die hat bestimmt jemand verloren“, meinte sein Bruder Riko. „Da ist irgendwas Buntes drin. Was kann das nur sein?“ Jetzt kam der Dritte im Geschwisterbunde – Nikos – dazu. „Gib mal her!“ Mit einer raschen Bewegung riss er Pepo die Schachtel weg.
„Hey, was soll das?“, schimpfte Pepo. „Ich habe sie zuerst gefunden.“

Doch seine beiden größeren Brüder hörten nicht auf ihn. Sie waren viel zu sehr damit beschäftigt, die Schachtel aufzureißen. Pepo ließ sie gewähren. Er wusste, dass er gegen seine großen, starken Brüder nichts ausrichten konnte. Pepo war nämlich das kleinste Igelkind in der Familie. Seine Stacheln waren im Gegensatz zu denen seiner Brüder noch ganz weich. Damit wurde er ständig aufgezogen. „Warte, bis du groß bist und pikst“, sagten seine Brüder oft, „dann kannst du auch mitspielen.“
Und so war es jetzt auch wieder.
Riko und Nikos zerrten gemeinsam an der Schachtel herum. Als sie endlich aufplatzte, kamen jede Menge Luftballons zum Vorschein.

„Die gehören mir!“ – „Nein, mir!“, stritten sich Riko und Nikos. Da es aber viele verschiedene Luftballons waren, war der Streit schnell beendet, und sie begannen, die Luftballons aufzupusten. „Puh, das geht aber schwer“, seufzte Riko und blähte seine Backen auf. Mit einem kräftigen Schub versuchte er Luft in den Ballon zu pressen, doch er wollte sich einfach nicht füllen. „Meiner geht auch ganz schön schwer“, sagte Nikos und holte noch einmal tief Luft.
Die beiden Igeljungs strengten sich so sehr an, dass sie hochrote Köpfe bekamen. „Jetzt hab ich’s!“, rief Riko. „Guck mal!“ Triumphierend hielt er seinen Luftballon hoch. Doch dann – „PAFF!“ Mit einem riesigen Knall war er schon wieder geplatzt.

„Guck mal, ich schaff es." Jetzt hielt Nikos seinen dicken, aufgepusteten Ballon in die Luft. Doch ihm erging es auch nicht besser, mit einem großen Knall zerplatzte auch sein Ballon. Insgesamt viermal probierten es die beiden Igeljungs. „Blöde Dinger!", rief Nikos. „Genau", pflichtete ihm Riko bei. Enttäuscht ließen sie die Luftballons liegen und machten sich davon.
Der kleine Igel Pepo aber, der das Ganze beobachtet hatte, nahm sich einen roten Luftballon, pustete ihn vorsichtig auf und knotete ihn zu.

Dann spielte er mit dem Ballon. Und nichts platzte.
Warum? Bei Riko und Nikos, den größeren Igelbrüdern, hatten die eigenen Stacheln den Luftballon kaputtgestochen.
Der kleine Igel hatte jedoch noch ganz weiche Stacheln, die dem Luftballon nichts anhaben konnten.
Und so hatte Pepo den größten Spaß.

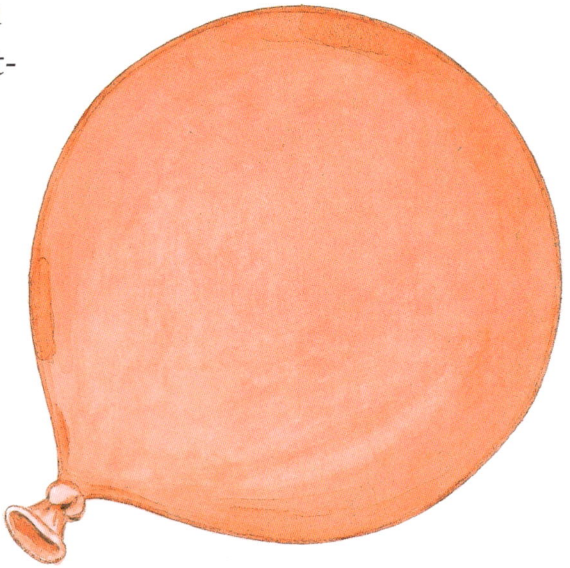

# Ein Koala unter Braunbären

Pim, der kleine Braunbär, war ungeduldig. Heute sollte sein Cousin Kola zu Besuch kommen. Kola kam von weit her, genauer gesagt aus Australien. „Mama, wann kommt Kola denn endlich?“, quengelte Pim. Er war schrecklich neugierig auf seinen Cousin, denn er hatte ihn noch nie gesehen. Ob sie sich wohl vertragen würden? Endlich war ein lautes Rufen vor ihrer Höhle zu hören: „Hallo, ist da wer? Seid ihr zu Hause?“

Pim flitzte, so schnell er konnte, zum Eingang. Da standen zwei Koalabären, ein großer und ein kleiner: Kola und seine Mama. Beide hatten lustige schwarze Knopfaugen und puschelige Ohren und beide grinsten Pim fröhlich an. „Hallo, du musst Pim sein. Mimi hat mir schon so viel von dir erzählt“, sagte Kolas Mama und drückte Pim fest an sich. „Wow, eine tolle Höhle habt ihr hier! Schätze, wir werden viel Spaß haben“, meinte Kola. „Komm“, rief Pim, „ich zeig dir meine Sachen!“ Und schon waren die beiden verschwunden.

Der Nachmittag verging wie im Flug, Pim und Kola spielten draußen, tollten im Wald herum und vergaßen die Zeit. Mittlerweile war Kolas Mutter schon aufgebrochen, sie wollte ihren Sohn in einer Woche wieder abholen.
Wenig später traf sich die Familie Braunbär samt Kola zum Abendbrot.
„Wir haben heute besondere Leckerbissen für dich", sagte Pim. „Hier, den Honig musst du unbedingt probieren." Höflich nahm Kola den Honig und schleckte daran, doch er verzog das Gesicht. „Äh, das schmeckt mir nicht."

„Das ist nicht schlimm. Wie ist es mit Waldbeeren, frisch gepflückt?“ – „Nein, lieber nicht.“ – „Aber Hühnchen, das magst du doch bestimmt.“ Kola verneinte. Egal was Pim dem kleinen Koalabären auch anbot, er schüttelte bloß den Kopf.
„Na, das ist bestimmt die Aufregung“, sagte Mama Bär. „Schlaf erst mal eine Nacht darüber, morgen sieht es mit deinem Appetit bestimmt besser aus.“ Aber als der kleine Koalabär am nächsten Morgen aufwachte, machte er immer noch ein unglückliches Gesicht.
„Was ist denn los?“, fragte Mama Braunbär besorgt. „Hast du etwa Heimweh?“ Doch Kola sagte nichts.
„Du kannst ruhig sagen, was ist“, meinte Pim.

Da nahm Kola all seinen Mut zusammen. „Es ist – ich mag gar keinen Honig. Und auch keine Beeren und kein Fleisch. Bei uns zu Hause gibt es nur Eukalyptusblätter. Die fresse ich immer und sonst gar nichts. Das ist meine Lieblingsessen.“ – „Ach, ich Dummkopf“, sagte Mama Braunbär lachend. „Deine Mutter hat doch Eukalyptusblätter mitgebracht. Sieh mal!“ Sie holte eine große Vase, in der lange Eukalyptuszweige steckten. „Ich hab die Blumenvase in die Ecke gestellt und sie dann ganz vergessen. Die Zweige sind alle für dich. Und in der Speisekammer sind noch viel mehr.“ Da strahlte Kola. Nun stand seinen Ferien bei Familie Braunbär nichts mehr im Wege.

# Brontus, der frierende Eisbär

Bibber, bibber, war das wieder kalt heute! Der Eisbär Brontus fror ganz fürchterlich. Aber er versuchte das Zittern zu verbergen. Sonst machten sich die anderen bloß wieder über ihn lustig. Das kannte Brontus schon.

Es war ja auch nicht normal für einen Eisbären, zu frieren. Schließlich müssten Eisbären eigentlich an Kälte gewöhnt sein, und Brontus war es auch sehr peinlich, dass er trotzdem immer fror. Aber er konnte doch nichts dafür! Neidisch schielte er zu den Inuitkindern hinüber. Ja, die haben es gut, dachte der Eisbär. Die brauchen sich nicht zu schämen, wenn sie frieren. Die können sich dann schön dick einmummeln und gegen die Eiseskälte schützen. Nur ich kann das nicht. Das ist wirklich nicht fair.

Diese Gedanken machten den Eisbären sehr traurig. Leise fing er an zu weinen. Da kam Pia Pinguin vorbei. Sie sah den weinenden, zitternden Eisbären und fragte mitleidvoll: „Ist dir kalt? Du zitterst ja am ganzen Körper! Und warum weinst du?“ – „Ach“, schluchzte Brontus, „ich friere immer so doll. Aber die anderen Eisbären machen sich nur lustig über mich, weil ich doch ein Eisbär bin und eigentlich an Kälte gewöhnt sein müsste!“ – „Das ist gemein“, erwiderte Pia verständnisvoll. „Aber ich habe da eine Idee, wie ich dich vielleicht von dem blöden Frieren erlösen kann.“ – „Wirklich?“, fragte der Eisbär, und die Freude glänzte in seinen Augen. „Ja“, antwortete das Pinguinmädchen. „Lass dich überraschen!“ Und damit verschwand es.

Brontus wartete tagtäglich auf Pia, aber vergebens. Sie kam einfach nicht. Brontus hatte die Hoffnung schon fast aufgegeben. Er würde wohl weiter frieren müssen. Aber Pia hatte ihren Freund nicht vergessen, ganz im Gegenteil. Es dauerte einfach nur ein bisschen, bis ihre Überraschung fertig war. Am fünften Tag kam das Pinguinmädchen dann doch endlich. Und was hielt Pia da zwischen ihren Flügeln? Brontus traute seinen Augen kaum. „Was hast du denn da?“, fragte er freudig. „Ich habe dir einen Schal, Ohrenwärmer und Pfotenwärmer gestrickt. Damit dir nicht mehr so kalt ist“, erklärte Pia, legte dem Eisbären den Schal um den Hals und zog ihm die Wärmer an.

Und sogleich merkte Brontus, wie ihm langsam wärmer wurde. „Oh, das ist ja ganz wunderbar!“, rief er glücklich aus. „Vielen Dank, liebe Pia!“ Brontus strahlte über das ganze Gesicht. Und die anderen Eisbären lachten ihn nun nicht mehr aus, sondern guckten nur noch ganz neidisch.

# Linus rettet das Fußballturnier

Auf der großen Wiese war richtig was los. Zwei Stinktierfamilien waren zum großen Familien-Fußballturnier zusammengekommen. Jede Familie hatte elf Spieler aufgestellt. Wer nicht mitspielte, feuerte seine Mannschaft vom Spielfeldrand aus an. Linus aber war traurig. Zu gerne hätte er auch bei dem Fußballturnier mitgemacht. Aber er war noch zu klein, das fanden zumindest seine Brüder.

Und sie hatten nicht ganz Unrecht. Stinktiere versprühen nämlich, wenn sie aufgeregt oder in Gefahr sind, ihre Stinkflüssigkeit, und kleine Stinktiere können das noch nicht so gut kontrollieren. Die anderen hatten deshalb die Sorge, dass Linus während des Spiels sein stinkendes Gift versprühen könnte, und diesen Geruch würden selbst die Stinktiere nicht ertragen.

Linus sah sich das Spiel also aus der Ferne an. Er saß auf halber Höhe auf einem Baum. „Tor!“, hörte er da, „Tor!“ So ein Mist, dachte Linus, wie gern würde ich jetzt auch ein Tor schießen.
Die Zuschauer, die um das Spielfeld herumstanden, feuerten ihre Mannschaften mit Rufen und durch Pfiffe an. Doch niemand bemerkte die Gefahr, in der sie schwebten. Ein großer Bär schnüffelte in den Büschen herum und wartete auf eine gute Gelegenheit, um sich eines der Stinktiere zu schnappen.

Doch Linus hörte das Rascheln und entdeckte den Bären. „Ich muss was tun", überlegte Linus hastig. Gesagt – getan: Als der Bär unter dem Ast vorbeischlich, auf dem das kleine Stinktier saß, versprühte Linus zielsicher seine Stinkflüssigkeit. Damit hatte der Bär nicht gerechnet. Laut fluchend ergriff er die Flucht.
Erst jetzt wurden die anderen Stinktiere auf die Gefahr aufmerksam, der sie gerade noch mal entgangen waren, und unterbrachen das Spiel.

„Du hast uns gerettet“, lobte der Schiedsrichter Linus anerkennend. „Das war ein gezielter Einsatz.“ Linus lächelte stolz. Er hatte bewiesen, dass er schon fast ein großes Stinktier war. Deshalb durfte er fortan auch immer bei den Fußballturnieren mitspielen. Und damit sie dabei auch in Zukunft keine bösen Überraschungen erlebten, musste immer ein Stinktier auf einen Baum klettern und Wache halten.

# Der große Nestbau

Es war die geschäftigste Zeit des Jahres. Zumindest für die Singvögel. Denn im Frühling mussten die Singvögel für ihren Nachwuchs sorgen. Sie mussten Nester bauen, Eier legen, Eier ausbrüten und ihre Küken füttern und versorgen, wenn sie erst einmal geschlüpft waren.
Ein Zaunkönig-Pärchen war besonders eifrig. Sie arbeiteten so viel, dass es den anderen Vögeln schon auffiel. „Macht doch mal eine Pause", rief die Blaumeise dem Zaunkönig-Männchen zu.

„Geht nicht!“, rief es zurück. „Keine Zeit, wir müssen doch fertig werden.“ – „Kommt ihr denn heute Abend zum Chor?“, wollte die Meise wissen. „Ich glaube kaum“, antwortete jetzt das Zaunkönig-Weibchen, das den Schnabel voll mit zartem Moos hatte. Die Amsel, die die Unterhaltung mitbekommen hatte, schüttelte den Kopf. „Ich verstehe das nicht, sieh mal, das Nest ist doch fast fertig.“ Das Zaunkönig-Pärchen hatte sein kugeliges Nest unter einem Dachvorsprung gebaut und das Ganze sah wirklich schon ziemlich fertig aus. Doch das Männchen begann schon mit dem Bau eines neuen Nests, nur ein paar Meter weiter.

„Wieso bauen sie jetzt noch ein Nest?“ Die Blaumeise verstand die Welt nicht mehr. Dass das Zaunkönig-Pärchen noch nicht mal Zeit hatte, zum Chor heute Abend zu kommen, war ihr unbegreiflich. Die beiden waren sonst immer mit Eifer dabei und ihre Stimmen waren im Chor unentbehrlich. „Es kommen auch wieder bessere Zeiten!“, rief das Weibchen, das wieder mit Moos bepackt an der Blaumeise vorbeiflog. Als das zweite Nest fertig war, kamen noch zwei weitere dazu. Merkwürdig. Was sollten bloß die vielen Nester? Erwartete das Pärchen etwa Besuch? Die anderen Vögel rätselten und rätselten.

Nach ein paar Tagen lüftete das Zaunkönig-Pärchen schließlich das Geheimnis. All die Nester hatten sie für sich und ihren zukünftigen Nachwuchs gebaut. Sie brauchten eine große Wohnung mit mehreren Schlaf- und Spielzimmern, denn den Jungen sollte es gut gehen – und alle brauchten genügend Platz. Ein einziges Nest würde der Zaunkönig-Familie nicht reichen.

„Ach so!“, rief die Amsel. „Jetzt wird mir einiges klar. Ihr müsst mit dem Nesterbau natürlich fertig sein, bevor die Eier gelegt werden.“
Die Blaumeise fand die Idee mit der großen Wohnung toll: „Ich werde mich auch mal direkt nach einem geeigneten Plätzchen für ein zweites Nest umsehen.“
Und schon flog sie davon.

# Geburtstag in der Wüste

Heute war ein ganz besonderer Tag. Fennek, der Wüstenfuchs, hatte nämlich Geburtstag. Fennek freute sich riesig auf den Nachmittag, denn dann sollten all seine Freunde kommen und mit ihm feiern. Weil es draußen in der Wüste so heiß war, bauten Fennek und seine Mutter die große Kuchen- und Kakaotafel in der Höhle auf. Hier war es schattig und angenehm kühl.

Fennek blies bunte Luftballons auf und hängte Luftschlangen an die Stuhllehnen, und dann kamen auch schon seine Geburtstagsgäste: Simon, Timo, Frederik, Marco und Paul. Mmh, was war die Schokogeburtstagstorte lecker! Fennek und seine Freunde leckten sich die Mäuler und ließen es sich gut gehen.

„Mama“, sagte Fennek mit vollem Mund, „machen wir jetzt die Schatzsuche? Bitte!“
„Aber Fennek“, antwortete die Mutter, „wir haben doch schon darüber gesprochen. Es ist zu heiß draußen im Wüstensand.“ – „Och bitte“, bettelte Fennek. „Ein Geburtstag ohne Schatzsuche ist doch kein richtiger Geburtstag. Ich möchte so gern mit meinen Freunden zusammen einen Schatz suchen.“ – „Na gut, aber ihr werdet schon merken, warum das keine gute Idee ist. Ihr müsst euch aber noch einen Moment gedulden.“
Schnell machte sich Fenneks Vater daran, den Schatz, eine große Tasche, zu verstecken. Damit die Schatzsucher wussten, welchen Weg sie gehen mussten, markierte er die kleinen Sträucher am Wegesrand mit bunten Bändern.

„So Kinder, es kann losgehen!“, rief er. Aufgeregt sprangen Fennek und die anderen nach draußen. „Lasst uns zusammen gehen“, schlug Fennek vor. „Ich habe ein blaues Band entdeckt“, rief Simon, „hier geht es lang!“ – „Gut, wir müssen versuchen alle Bänder zu finden.“ – „Hier ist noch eins!“, rief jetzt Timo. „Puh, ist das heiß“, stöhnte Frederik. „Ich schwitze auch ganz doll“, sagte Marco, und Paul hechelte mit raushängender Zunge hinter der Gruppe her. Die Schatzsuche kam ihnen endlos lang vor.

Das lag an der großen Hitze in der Wüste. Weit und breit war kein bisschen Schatten zu sehen. Als sie ihre Suche schon fast aufgeben wollten, entdeckte Fennek die große Tasche. „Hierher, ich habe den Schatz!“, rief er aufgeregt. Als die Freunde die Tasche öffneten, war die Freude groß: In der Tasche waren jede Menge kühle Getränke! Gierig leerten die Schatzsucher ihre Trinkschälchen aus. Jetzt waren sie wieder gestärkt und konnten sich auf den Weg zurück zur Höhle machen.

„Tierkinder dürfen sich eigentlich nur im Notfall tagsüber in die Hitze begeben“, erklärte Fenneks Vater später in der kühlen Höhle. „Wir haben heute nur wegen Fenneks Geburtstag eine Ausnahme gemacht. Aber jetzt ruht euch erst mal aus.“ – „Jetzt habe ich verstanden, warum das mit der Schatzsuche draußen keine gute Idee war“, sagte Fennek. „Und an meinem nächsten Geburtstag machen wir die Schatzsuche einfach in unserer Höhle!“

# Ein Regenwurm mit Regenschirm

Eines Tages ging der Regenwurm im Garten spazieren. Er hatte einen Regenschirm mitgenommen. Er spazierte durchs Gras und erfreute sich an dem leuchtend gelben Löwenzahn, der um ihn herum blühte.

Als er der Ameise begegnete, lachte sie ihn aus: „Einen Regenwurm mit Regenschirm – das habe ich ja noch nie gesehen. Wofür brauchst du den denn?" Der Regenwurm war beleidigt und antwortete nicht. Dann traf er die Spinne. „Hallo, Spinne, wie geht's?", fragte er. Als die Spinne den Regenschirm sah, grinste sie nur. Der Regenwurm war verunsichert und spazierte weiter. Der Marienkäfer kletterte gerade auf einer Butterblume herum. Als er den Regenwurm erblickte, fiel er vor Schreck fast herunter. „Nanu", wunderte er sich. Einen Regenwurm mit Regenschirm, so was hatte er noch nie gesehen. Laut rief er: „Geht es dir nicht gut, Regenwurm?" – „Doch, doch", antwortete der Regenwurm. „Alles bestens."

In diesem Moment flatterte der Schmetterling an den beiden vorbei. Als er den Regenwurm mit Regenschirm sah, hielt er kurz inne. Doch dann flatterte er weiter. Plötzlich begann es leicht zu tröpfeln. Der Regenwurm, der alleine weiterspaziert war, spannte seinen Regenschirm auf. Die Regentropfen wurden stärker. „Ach, wie schön so ein Regenschirm ist! So kann ich draußen herumspazieren und werde nicht nass", freute sich der Regenwurm. Da tippte ihm von hinten jemand auf die Schulter. Es war die Ameise. „Meine Beinchen sind ganz nass. Darf ich mit unter deinen Regenschirm?" – „Na klar, dafür ist der Schirm doch da. Komm!", lud der Regenwurm die Ameise ein.

Sie kamen an der Spinne vorbei, die unglücklich unter einem Blatt hockte. „Darf ich auch ins Trockene?“, bat sie. „Natürlich, komm! Wir warten unter meinem Schirm den dicken Schauer ab.“ Gleich darauf kam der Marienkäfer angerannt. Und neben ihm flatterte der Schmetterling. „Können wir auch mit unter deinen Schirm?“, fragten sie kleinlaut. Da der Regenwurm nicht nachtragend war, fanden alle Tiere einen Platz. Und so konnten sie – sicher untergestellt – gemeinsam den Regen abwarten.

Als der Schauer vorbei war, bedankten sich die Tiere beim Regenwurm. Der freute sich, dass er helfen konnte. „Soll ich euch mal was verraten?“ Die Tiere blickten ihn neugierig an. „Ich liebe den Regen, denn er weicht die Erde so schön auf. Jetzt kann ich nach Herzenslust wühlen gehen!“, sprach der Regenwurm und verschwand im Boden.

# Gefahr für Zorro

In Julias Zimmer wohnen der Hamster Zorro und das Kaninchen Schnüffi. Jeder in seinem eigenen Käfig.

Alles war dunkel und still im Zimmer, nur den kleinen Hamster Zorro hörte man in seinem Laufrad wie wild herumrennen. Das Kaninchen Schnüffi schlummerte friedlich im Käfig nebenan.

Doch plötzlich drehte sich das Laufrad nicht weiter. Zorro war irgendwie mit seiner kleinen Pfote zwischen den Stäben stecken geblieben. Das war vielleicht eine verzwickte Lage! Er versuchte sein Pfötchen wieder zu befreien, bewegte es vor und zurück, aber was er auch tat, es gelang ihm einfach nicht. Langsam tat die Pfote auch schon ganz schön weh. Was sollte er jetzt nur tun? Verzweifelt fing Zorro an zu weinen.

Von dem leisen Schluchzen wurde Schnüffi wach. Neugierig sah sich das Kaninchen im Zimmer um. Woher kam dieses seltsame Geräusch? Da fiel sein Blick auf den kleinen Hamster. „Oh, was ist denn passiert?", fragte es Zorro besorgt. „Ich habe mir meine Pfote im Laufrad eingeklemmt", schluchzte Zorro laut. „Ich werde meine Pfote bestimmt nie wieder freibekommen!" – „Ach, so ein Unsinn!", sprach das Kaninchen. „Hab keine Angst. Ich werde dir schon irgendwie helfen." Aufgeregt sprang Schnüffi gegen die Käfigtür. Aber nichts rührte sich. Sie probierte es noch einmal. Wieder nichts. Doch dann, beim dritten Versuch, gab die Käfigtür plötzlich mit einem Ruck nach! Schnell hoppelte Schnüffi rüber zu Zorros Käfig. Ratlos stand sie davor. Wie um alles in der Welt sollte sie den Hamsterkäfig nur aufbekommen?

Sie überlegte hin und her. Nach einer ganzen Weile fiel ihr plötzlich etwas ein. Sie erinnerte sich daran, dass Julia die hintere Tür des Hamsterkäfigs nie ganz verschloss. Schnüffi hoppelte um den Käfig herum und begann mit ihren hinteren Pfoten ein paarmal heftig gegen die Käfigtür zu hopsen. Zuerst tat sich überhaupt nichts. Schnüffi bekam große Zweifel und war schon nahe daran, aufzugeben, als sich die Tür doch endlich öffnete.
„Juhu!“, rief Zorro. „Du hast es wirklich geschafft! Jetzt musst du nur noch schnell kommen und meine Pfote befreien.“ – „Das haben wir gleich“, antwortete Schnüffi und sprang in den Käfig. Mit viel Geduld und Geschick befreite sie vorsichtig die Pfote des Hamsters aus den Stäben.

War das eine Freude, als Zorros Pfötchen endlich wieder frei war! Zwar tat es immer noch etwas weh, aber das war jetzt nur noch halb so schlimm. „Danke", sagte Zorro. „Ohne deine Hilfe hätte ich mich niemals befreien können! Du warst meine Rettung. Du bist eine echte Freundin!" Glücklich lächelte Schnüffi den kleinen Hamster an. Sie hatte sich schon immer gewünscht, einen Freund zu finden, mit dem sie spielen konnte. Seit diesem Tag waren Schnüffi und Zorro die allerbesten Freunde der Welt und spielten jede Nacht miteinander.

# Der gar nicht gefährliche Hai

Der kleine Delfin Flippo ging wieder einmal seiner Lieblingsbeschäftigung nach, dem Wellenreiten. Huh, machte das Spaß, aus dem Wasser aufzutauchen, um dann wenige Sekunden später wieder im salzigen Nass zu landen! Ja, das gefiel dem lustigen Delfin sehr. Doch plötzlich hörte Flippo ein lautes Schluchzen. Wer weinte denn da so? Einen kurzen Augenblick später sah Flippo, wer da so traurig war. „Hallo, wer bist denn du?“, fragte der Delfin neugierig.

„Ich bin Tristus, der kleine Hai“, kam es schniefend zurück. „Ein Hai?“, fragte Flippo unwissend. „Was ist denn ein Hai? Bist du kein Delfin, so wie ich? Reitest du nicht auf Wellen, so wie ich?“ Die Fragen sprudelten nur so aus Flippo heraus. Schließlich hatte er noch nie einen Hai gesehen und deshalb wollte er furchtbar gerne alles über Tristus wissen.

„Nein, ich bin kein Delfin“, erwiderte der kleine Hai. „Ich reite nicht auf Wellen und überhaupt sind Haie eigentlich ganz anders als Delfine. Guck dir doch mal unsere Flossen an. Die sind völlig verschieden. Außerdem haben Haie viel größere Zähne und sind auch viel gefährlicher als Delfine!“, berichtete Tristus, und fast schwang ein bisschen Stolz in seinen Worten mit.

„Du bist gefährlich?", fragte Flippo ungläubig, denn der weinende, schluchzende und schniefende Hai hatte nicht sehr gefährlich auf ihn gewirkt. „Na ja", sagte der kleine Hai und fing schon wieder an zu weinen. „Eigentlich sind Haie schon gefährlich. Aber das ist ja gerade das Problem. Ich bin nämlich ein lieber und netter Hai. Ich mag nicht böse sein." – „Aber das ist doch kein Problem!", rief Flippo. „Ich finde das super!" – „Nein, das ist es ganz und gar nicht", fing Tristus an zu erklären.

„Die anderen Haie ärgern mich nämlich ständig deswegen. Sie necken mich, machen sich über mich lustig, zwicken mich in die Schwanzflosse und rufen mir immer ganz gemeine Sachen nach.“ – „Das ist wirklich fies“, antwortete Flippo. „Aber kümmere dich einfach nicht weiter um die anderen. Weißt du, ich finde es Klasse, dass du ein netter Hai bist. Wir beide könnten doch Freunde sein. Ich kann dir das Wellenreiten beibringen und dann können wir zusammen ganz viel Spaß haben!“
Die Idee gefiel Tristus. Und so machten sich die beiden auf zum Wellenreiten. Es wurde ein wunderschöner Tag, und der kleine Hai und der kleine Delfin wurden die besten Freunde. Klar, dass sie sich von nun an jeden Tag zum Wellenreiten trafen.

# Ein Floß für Flappi

Es war ein wunderschöner Tag, der Himmel war wolkenlos blau und die Sonne schien. Flappi, der Waldhase, fühlte sich pudelwohl. Nur langweilig war ihm. Bei so einem schönen Wetter müsste ich eigentlich einen Ausflug machen, dachte der Waldhase. Nur, wohin?, überlegte er weiter. Da kam ihm eine Idee. Er hatte seinen Freund Mario, den Waschbären, lange nicht mehr besucht. Also machte Flappi sich auf den Weg. Munter ging er den Pfad entlang, bis dieser plötzlich an einem Fluss endete.

Da fiel es Flappi wieder ein: Mario wohnte ja auf der anderen Seite des Flusses! Da hatte er vorher gar nicht drüber nachgedacht. Was soll ich denn jetzt machen?, grübelte Flappi. Er hatte keine Lust, wieder umzukehren und suchte verzweifelt nach einer Lösung. Dabei wanderte sein Blick durch den Wald. „Ich baue mir ein Floß!“ Ja, das war genial! Sofort begann er Holz zu sammeln. Er hatte bereits einen großen Berg angehäuft, als der Biber auf seinem täglichen Spaziergang durch den Wald an Flappi vorbeikam.

„Was machst du denn mit all dem Holz?“, fragte der Biber neugierig.

„Ich baue mir ein Floß, um zu meinem Freund, dem Waschbären, hinüberzurudern!“, antwortete Flappi stolz. „Das hört sich lustig an“, sagte der Biber begeistert. „Komm, ich werde dir helfen!“ Und schon begann der Biber, mit seinen kräftigen Nagezähnen einen Baum zu fällen.
Nach und nach kamen immer mehr Tiere aus dem Wald und halfen beim Floßbau mit.

Zum Glück, denn es gab wirklich viel zu tun.
Der Biber fällte einen Baum nach dem anderen und Flappi und die anderen machten sich auf die Suche nach kleinen Ästen, die sich gut biegen ließen. Damit wollten sie die Baumstämme zusammenbinden. Die kleinen Mäuschen piepsten vor Aufregung und auch die anderen Tiere hatten viel Spaß.

Endlich war das Floß fertig. „Wir haben es geschafft!“, rief Flappi begeistert. „Als Dank dürft ihr alle mitkommen, meinen Freund Mario besuchen.“ Die Tiere freuten sich. Es wurde eine lustige Fahrt.

Als sie am anderen Flussufer ankamen, erwartete Mario sie. „Hallo, meine lieben Freunde“, begrüßte er sie fröhlich. „Ich habe euch schon kommen hören. Schön, dass ihr da seid. Lasst es euch bei mir gut gehen, ich habe ein Picknick für uns alle vorbereitet!“ „Super“, sagte Flappi, „das wird bestimmt ein wundervoller Tag!“

## Wo ist Känga?

„Ich geh raus!“, rief Hippi, das Känguru, seiner Mutter zu und wollte aus dem Haus hüpfen. Es gab schließlich nichts Schöneres als draußen mit den anderen Kängurukindern zu spielen. „Halt, hier geblieben!“, kam die Antwort von Hippis Mama.

„Du weißt doch, dass ich heute zur Geburtstagsfeier von Tante Hoppla gehe und du deshalb auf deine kleine Schwester aufpassen musst. Einen Tag wirst du wohl auch ohne deine Freunde auskommen“, sagte Mama Känguru und hüpfte eilig davon. Ach nee, dachte Hippi. So was Blödes. Draußen ist das beste Wetter und ich darf nicht hinaus und mit meinen Freunden spielen, sondern muss auf meine nervige, kleine Schwester aufpassen. Dazu habe ich gar keine Lust!
Hippi war unglücklich. Er liebte es, mit seinen Freunden herumzuhüpfen und wollte nicht zu Hause bleiben, das war viel zu langweilig. Da kam ihm eine Idee.
„Komm Känga“, sagte Hippi zu seiner kleinen Schwester, „ich nehme dich einfach mit zu meinen Freunden!“
Begeistert von seiner Idee hüpfte Hippi los.

„Hallo, hier bin ich!“, rief er schon von weitem seinen Freunden zu. „Hallo, Hippi, wir haben schon auf dich gewartet!“, kam die freudige Antwort von den anderen Kängurus. „Aber was soll denn deine kleine Schwester hier?“ – „Ach, ich muss auf sie aufpassen“, maulte Hippi. „Aber ich setze sie einfach hier auf den Stein, dann können wir ungestört spielen.“ Also setzte Hippi seine kleine Schwester Känga hin, sagte ihr, sie solle brav dort sitzen bleiben, und hüpfte mit den anderen davon.

Nach einer Weile kam Hippi wieder zurück, um nach Känga zu sehen, aber seine Schwester war nicht mehr da! „Oh nein, was mache ich denn jetzt? Meine Mutter wird bestimmt ganz böse auf mich sein, und Känga hat so allein bestimmt große Angst!“ Hippi war verzweifelt.

„Komm, wir gehen sie suchen!“, schlugen seine Freunde vor und sie hüpften in unterschiedliche Richtungen davon. Aber so sehr sie auch suchten, sie konnten Känga einfach nicht finden. „Dann muss ich wohl meiner Mama jetzt alles erzählen“, sagte Hippi traurig und machte sich auf zu Tante Hoppla.
Aber dort angekommen wartete eine große Überraschung auf ihn: Känga saß in Mama Kängurus Beutel! „Oh, Känga, da bist du ja!“, rief Hippi erleichtert aus.

„Ja, hier ist sie“, antwortete Mama Känguru und hörte sich sehr böse an. „Deiner Schwester ist langweilig geworden und deshalb ist sie ganz alleine hierher gekommen. Das war nicht sehr verantwortungsvoll von dir, Hippi, deine Schwester einfach alleine zu lassen und spielen zu gehen. Ich bin sehr traurig und auch böse. Ich hoffe, du passt beim nächsten Mal besser auf deine kleine Schwester auf!“ – „Ja, das werde ich!“, versprach Hippi. Er hatte selbst gemerkt, dass sein Verhalten falsch gewesen war, und außerdem begriffen, wie lieb er seine Schwester hatte. Ja, in Zukunft würde er besser auf Känga aufpassen!

# Twiggy will fliegen

Ich möchte so gern fliegen können, dachte das Küken Twiggy traurig. Ja, fliegen, davon träumte das kleine Küken schon sehr lange. Aber bisher hatte es nie geklappt. Alle Versuche hatten mit einer unsanften Bruchlandung geendet.
„Heute muss es aber klappen“, sagte sich das Küken. „Ich habe auch schon eine Idee.“ Und schon zog es los zum Schlafplatz seiner Mutter. Fleißig fing Twiggy an Federn aufzusammeln. Doch die genügten dem Küken noch nicht. „Ich brauche größere Federn“, überlegte es und wanderte hinüber zum See. Dort wohnte der Schwan Susa. Susa hatte noch viel größere und schönere Federn als Twiggys Mutter. Und die Federn lagen überall auf dem Boden verteilt, weil sich Susa zurzeit mauserte. Glücklich begann das Küken diese Federn aufzusammeln.

So, jetzt habe ich viele große Federn, dachte Twiggy. Die klebe ich mir einfach an, dann kann ich bestimmt fliegen. Susa kann es schließlich auch! Und schon klebte sich das Küken die gesammelten Federn auf seine Flügel. Das sah vielleicht lustig aus! Überzeugt, dass es jetzt klappen würde, kletterte das Küken auf den größten Heuberg des ganzen Bauernhofes.

„So, jetzt fliege ich los!“, freute sich Twiggy, sprang und landete mit einem unsanften Aufprall auf dem Boden.

„Au“, weinte das Küken, mehr vor Enttäuschung als vor Schmerz. „Ich kann immer noch nicht fliegen. Egal was ich mache, es funktioniert einfach nicht! Ich werde bestimmt nie fliegen können!“

„Aber, aber", sprach Twiggys Mama, die gerade vorbeikam. „Warum weinst du denn, mein Schatz?" – „Ich möchte so gern fliegen, aber ich kann es einfach nicht", schluchzte das Küken verzweifelt. „Beruhige dich, mein Liebes."
Als Twiggy später zu Hause im Bettchen lag, tröstete ihre Mama sie. „Natürlich kannst du fliegen. Aber das braucht alles seine Zeit. Als ich so klein war wie du, da konnte ich auch noch nicht richtig fliegen. Ich musste es erst lernen. Du darfst nicht ungeduldig werden. Du wirst sehen, wenn du größer bist, wirst auch du fliegen können. Warte nur ab!" – „Wirklich?", fragte das kleine Küken, das bereits aufgehört hatte zu weinen, hoffnungsvoll.

„Ja, vertrau mir“, sprach seine Mutter ihm beruhigend zu. „Aber jetzt wird es Zeit, zu schlafen.“ Und ohne Widerrede kuschelte sich Twiggy ins Bett und träumte die ganze Nacht vom Fliegen.

# Nicky sucht seine Eltern

„Mama, Papa, könnt ihr mich hören? Wo seid ihr?“ So laut das kleine Tigerbaby Nicky auch rief, es kam keine Antwort. Das Tigerbaby schluchzte und die Tränen rannen nur so über sein Gesicht. Es hatte furchtbare Angst.

Eigentlich hatte Nicky ja nur einen kleinen Spaziergang machen wollen. Aber dann hatte er sich plötzlich verirrt. Das Tigerbaby wusste nicht mehr, wo es war, und von Tigermama und Tigerpapa fehlte jede Spur. Ich bin verloren, dachte Nicky verzweifelt. Ich werde nie mehr nach Hause finden. Und meine Mama und meinen Papa werde ich auch nie wieder sehen.

Bei diesen schrecklichen Gedanken wurde das Kleine noch trauriger. Doch plötzlich baumelte ein Äffchen über dem Tiger. Zuerst guckte der Affe Nicky noch ein bisschen ängstlich an, als er dann aber merkte, dass der kleine Tiger nicht gefährlich war, fing er an ihn zu necken. Der kleine Affe zog Nicky am Schwanz und bewarf ihn tollkühn mit Bananen. Doch das Tigerbaby reagierte kaum. Das kam dem Affen komisch vor und er sah sich das Kleine noch einmal genauer an.

Da fiel ihm der traurige Gesichtsausdruck auf. „Hey“, fragte der Affe, „was guckst du denn so traurig?“ „Ach“, jammerte Nicky, „ich habe mich ganz schrecklich verirrt und weiß nicht mehr, wie ich wieder zu meiner Mama und meinem Papa finden soll.“ Nicky klang so verzweifelt, dass der kleine Affe großes Mitleid bekam. „Oh, das tut mir Leid! Aber hab keine Angst. Ich werde dir bei der Suche helfen.“

Der Affe überlegte einen Moment. „Ich habe auch schon eine Idee. Ich werde einfach auf den hohen Baum da hinaufklettern. Von dort habe ich eine super Aussicht und sehe vielleicht deine Eltern.“ Und schon war der kleine Affe geschwind auf den Baum geklettert. Und tatsächlich: „Ich sehe sie!“, rief er laut und kam flugs wieder herunter. „Ich hab sie gesehen“, wiederholte er. „Komm, ich bring dich zu ihnen.“

Als die beiden wenig später bei Mama und Papa Tiger waren, wurde dem Affen ein wenig mulmig. Wie groß sie waren! Doch er brachte ihnen mutig den verloren gegangenen Sohn zurück.

„Vielen Dank an unseren Helfer in der Not!“, riefen die Tigereltern dem kleinen Affen zu und schlossen Nicky glücklich in die Arme.

# Olli und der Tiger

Olli, der Elefant, verdrückte wieder einmal heimlich eine Träne. Er war in der letzten Zeit oft traurig. Ständig wurde er gehänselt, weil er viel größer als all die anderen Tiere war. Und zudem war er auch noch furchtbar langsam.

Eben hatten alle Tiere fröhlich miteinander geredet, nur Olli hatte wieder einmal nichts verstehen können, weil sein Kopf so hoch über den anderen Köpfen war. Irgendwie kamen die Worte nie richtig bei ihm an. Aber wahrscheinlich hatten die anderen sowieso nur wieder über ihn gesprochen. Dauernd hatten sie zu ihm hochgesehen und waren dann in lautes Gelächter ausgebrochen. Das machte den armen Elefanten sehr, sehr traurig.

Jetzt spielten die anderen gerade. Olli durfte nie mitspielen, weil er ja so langsam war. Keiner wollte einen langsamen, großen, dicken Elefanten dabeihaben.
So saß Olli etwas abseits und sah unglücklich dabei zu, wie die anderen großen Spaß hatten, sich zwischendurch gemeinsam an der Wasserstelle erfrischten, um dann ihr Spiel fortzusetzen.
Plötzlich erklangen laute Schreie und alle Tiere rannten in Panik davon. Schreckliche Angst stand auf ihren Gesichtern geschrieben. Ein großer Tiger raste auf die Tiere zu und man sah ihm deutlich an, dass er ziemlich hungrig war.

Oh nein, er will die anderen fressen!, dachte Olli entsetzt. Das kann ich nicht zulassen. Er nahm seinen ganzen Mut zusammen und rannte, so schnell er konnte, auf den bösen Tiger zu. Und wie schnell er auf einmal war! So schnell war er in seinem ganzen Leben noch nie gewesen. Und während er rannte, trompetete Olli auch noch ganz laut!

Als der Tiger den fuchsteufelswilden Elefanten auf sich zurennen sah, bekam er es gehörig mit der Angst zu tun und machte sich schnell auf und davon.
Die anderen Tiere aber freuten sich sehr. Olli hatte ihnen das Leben gerettet! Er war ein Held!
Sie entschuldigten sich bei dem Elefanten für all die Hänseleien und versprachen ihm, ihn in Zukunft immer mitspielen zu lassen.

Und Olli hatte etwas Wichtiges begriffen: Wenn es darauf ankam, konnte er ganz schön mutig sein, mutiger als all die anderen Tiere. Und dabei war auch seine Größe ein Vorteil. So schnell würde sich der Tiger nicht wieder hierher verirren.
Seit diesem Tag war Olli nie wieder traurig, sondern der stärkste und vor allem glücklichste Elefant der Welt!

# Angeln ist gefährlich

„Tschüss, Oskar, tschüss, Minni. Wir gehen jetzt weg! Benehmt euch und macht bloß keinen Unfug während wir weg sind, versprochen?“ Mit diesen Worten hatte sich Familie Müller verabschiedet und die Katze Minni und den Hund Oskar zu Hause zurückgelassen. War das herrlich! Einen ganzen, langen Tag allein zu Hause, was man da doch alles anstellen konnte, dachte Oskar entzückt.

„Minni, wach auf!“, rief Oskar, und zerrte so fest an dem Kissen, auf dem die Katze genüsslich schlief, dass die Federn durch die Gegend flogen.

„Wir müssen heute etwas ganz Besonderes machen! Wer weiß, wann wir das nächste Mal alleine sind.“ Ja, das fand Minni auch, und so überlegten die beiden hin und her, was sie an diesem besonderen Tag machen könnten. „Ich hab eine Idee“, sagte Oskar. „Ich finde, wir sollten etwas tun, was uns sonst immer verboten wird. Dazu haben wir jetzt endlich mal die Gelegenheit!“ Davon war Minni sofort überzeugt. „Ja, super! Eine geniale Idee! Und ich weiß auch schon, was wir machen. Wir versuchen die Fische aus dem Aquarium zu fangen! Das macht bestimmt großen Spaß!“

Aber Oskar hatte eine Abneigung gegen Wasser, es war ihm einfach zu nass. Er wollte lieber nur zusehen. Und so schlich sich nur Minni leise an das Aquarium heran und steckte ihr Pfötchen tief ins Wasser. Sie fischte im Becken herum, aber sie fing einfach nichts. Ich muss mich wohl noch weiter hinüberbeugen, dachte sie. Gedacht, getan. Sie lehnte sich mit ihrem ganzen Oberkörper über das Aquarium. Plötzlich gab es ein lautes „Platsch!“ und Minni lag im Wasser.

Sie erschreckte sich fürchterlich und spuckte erst mal eine gehörige Menge Wasser aus. War das ekelig! Oskar aber stand daneben und lachte sie aus. Für ihn war das alles ein großer Spaß, er war ja schließlich auch nicht klitschnass und lag mitten in einem Aquarium! Vorsichtig kletterte Minni über den Beckenrand wieder hinaus und schüttelte sich einmal heftig.
Brrrr! Minni nahm sich fest vor, nie mehr im Aquarium zu angeln. Das war ihr einfach zu gefährlich.

Auch Oskar hatte jetzt keine Lust mehr etwas Verbotenes zu tun. Und so spielten die beiden Freunde den restlichen Tag brav miteinander.
Als Familie Müller wiederkam, schliefen Minni und Oskar bereits friedlich. Frau Müller musste allerdings schmunzeln, als sie die Pfütze vor dem Aquarium entdeckte. Sie konnte sich schon denken, was passiert war.

# Nilpferd-Schnupfen

„Hatschi“, machte das kleine Nilpferd. Und dann noch einmal: „Hatschi!“ Dabei spritzte eine große Fontäne aus seinem breiten Maul.
Das kleine Nilpferd sah gar nicht glücklich aus.
Es stand mit den Beinen in einem großen gemütlichen See, nur der oberste Teil seines Rückens und der Kopf ragten aus dem Wasser.
Das war eigentlich das Schönste für das kleine Nilpferd: Den lieben langen Tag konnte es so in seinem sumpfigen Lieblingssee stehen und verträumt in die Gegend blicken. Und manchmal – manchmal schlief es dabei sogar ein.

Doch heute war es im See überhaupt nicht gemütlich. Ständig musste das kleine Nilpferd niesen und sich schütteln.
„Du hast dich erkältet“, sagte seine Mutter, die sich ernsthaft Sorgen um das kleine Nilpferd machte.

„Komm bitte aus dem Wasser, damit ich fühlen kann, ob du Fieber hast.“
Das kleine Nilpferd schüttelte den Kopf. „Ich hab nichts. Mir geht es gut. Hatschi!“
Die Mutter war ratlos.

Was konnte sie nur tun, um das Nilpferd aus dem Wasser zu bekommen? Sie wusste ja, wie gern das kleine Nilpferd im See herumstand, aber mit einer Erkältung war nicht zu spaßen.

Das Nilpferd musste aus dem Wasser, um an Land wieder gesund zu werden. Die Mutter wollte es mit Blättern trockenrubbeln und das kleine Nilpferd sollte sich im Schatten ausruhen. Dann würde die dicke Erkältung nach und nach auch besser werden. Das versuchte die Mutter dem kleinen Nilpferd zu erklären.
„Ich will aber nicht rauskommen. Das ist doch langweilig“, jammerte das kleine Nilpferd trotzig.
„Aber du ... IIIHHH!!!“, schrie die Mutter auf.
„Was ist denn das?“

Irgendetwas Wuseliges war mit einem großen Sprung auf ihren Rücken gehüpft und machte dort eine Rolle vor- und eine Rolle rückwärts. Mutter Nilpferd war das gar nicht recht. Doch das kleine Nilpferd konnte sich nicht mehr halten vor Lachen. Zu lustig fand es das kleine Äffchen, das seine Kunststücke vorführte. Es lachte und lachte – und verschluckte sich dabei fürchterlich. Und dann konnte das kleine Nilpferd nur noch heftig husten.
Das Äffchen stoppte mitten in einem Salto und plumpste auf Mutter Nilpferds Rücken. „Oh weh, das hört sich aber schlimm an. Du musst schleunigst aus dem Wasser kommen, damit du wieder gesund wirst."
Das kleine Nilpferd überlegte, bewegte sich aber nicht.

„Ich werde dir dann auch noch weitere tolle Sachen vorführen, ehrlich“, versprach das Äffchen und zwinkerte der Mutter zu.
Diese nickte.
„Okay“, hustete das kleine Nilpferd, „aber nur, wenn es kein bisschen langweilig wird!“
So schaffte es das Äffchen, das kleine Nilpferd aus dem Wasser zu locken. Während sich das Nilpferd im Schatten ausruhte, wurde es von dem kleinen Äffchen bestens unterhalten, und so dauerte es auch nicht lange, bis das kleine Nilpferd wieder ganz gesund war.

## Ein aufregender Tag

Bei Fledermäusen ist alles verkehrt herum. Wenn wir schlafen gehen, werden sie wach, und wenn wir ausgeschlafen sind und aufstehen, dann gehen sie schlafen. Und sie schlafen auch nicht wie wir im Liegen. Nein, sie hängen mit dem Kopf nach unten, meist unter Ästen oder auch unter Dachvorsprüngen. Dabei schlafen sie ein und finden das Hängen ganz gemütlich. Ja, so machen es die Fledermäuse.

Doch Batty war keine gewöhnliche Fledermaus. Eines frühen Morgens, als sich die Nacht so langsam verabschiedete und der helle Tag nahte, hatte Batty noch überhaupt keine Lust, schlafen zu gehen. Ich möchte auch endlich mal am Tag wach sein und all die vielen Tiere kennen lernen. Batty wollte auf jeden Fall wach bleiben, das nahm sie sich zumindest fest vor.
Da Batty noch unter dem Dachvorsprung hing, wo sie nicht viel sehen konnte, flatterte sie zum nächsten Baum und ließ sich von einem Ast herunterhängen. Hier hatte sie eigentlich eine tolle Aussicht und konnte alles um sich herum beobachten.

Aber nur eigentlich. Denn Fledermäuse können nur ganz schlecht sehen. Dafür haben sie eine ganz besondere Gabe: Sie können sich in völliger Dunkelheit orientieren. Und zwar über ihr besonderes Gehör. Dabei stoßen sie kurze Schreie aus und empfangen die zurückkommenden Echos. Ihre Sehkraft aber ist nicht so gut ausgeprägt. So auch bei Batty. Ihre Augen mussten sich erst einmal an die Helligkeit gewöhnen, schließlich schlief die kleine Fledermaus normalerweise tagsüber. Batty konnte nur schemenhafte Umrisse erkennen und alles sah irgendwie schwarz-weiß aus. Das verunsicherte sie.

Plötzlich bewegte sich etwas auf Batty zu. Eine Katze, die den Baum hochkletterte, versuchte Batty zu fangen, doch zum Glück konnte sich die Fledermaus in allerletzter Sekunde fallen lassen, sodass die Katze mit ihrer Pfote ins Leere schlug.
Aufgeregt flatterte Batty davon und brachte sich unter dem Holzdach in Sicherheit – geschafft! Erleichtert hängte sie sich in ihre Lieblingsposition und dann fielen ihr auch ganz schnell die Äuglein zu …

# Beim Biber-Zahnarzt

Biber Balthasar war wieder einmal mit dem Bau eines Staudamms am Fluss beschäftigt. Gerade versuchte er, mithilfe seiner großen Nagezähne einen Baum zu fällen. Doch plötzlich schrie er laut auf. Sein rechter Nagezahn war abgebrochen! Oh, tat das weh! Ausgerechnet mein Nagezahn! Den brauche ich doch so dringend!, dachte Balthasar. Unter großen Schmerzen setzte er tapfer seine Arbeit fort. Da kam Maulwurf Miffi vorbei und sah das schmerzverzerrte Gesicht von Balthasar. „Was ist los mit dir?", fragte Miffi ihren Freund besorgt.

„Ach, ich habe mir eben beim Baumfällen einen Zahn abgebrochen“, antwortete der Biber traurig. „Das tut ganz schön weh. Außerdem komme ich jetzt nur noch sehr langsam mit meiner Arbeit voran.“ – „Du musst zum Zahnarzt gehen“, sagte Miffi. „Der kann dir bestimmt helfen. Zahnärzte sind ein bisschen wie Zauberer, die können mit Tricks alles wieder gutmachen. Ich war auch schon mal dort, als ich großes Zahnweh hatte, und der Zahnarzt hat die Schmerzen einfach weggezaubert!“ Erschrocken sah Balthasar das Maulwurfmädchen an. Nein, zum Zahnarzt wollte er nicht gehen, davor hatte er viel zu große Angst. Da gab es diese furchtbar lauten Bohrgeräusche und überhaupt war dort alles ganz schrecklich! Und so machte er sich wieder an die Arbeit.

Aber die Zahnschmerzen wurden von Tag zu Tag schlimmer, und Balthasar wurde bald klar, dass er seinen Staudamm mit dem abgebrochenen Zahn niemals fertig kriegen würde. Also entschloss er sich, doch zum Zahnarzt zu gehen. Aber nicht allein, Miffi begleitete ihren Freund natürlich.

Während sie im Wartezimmer saßen, wurde Balthasar ganz mulmig und er überlegte schon, wieder nach Hause zu gehen, als er aufgerufen wurde. „So, was fehlt dir denn, kleiner Biber?“, fragte der Zahnarzt. Der sah gar nicht so böse aus, wie Balthasar ihn sich vorgestellt hatte. Er erklärte dem Zahnarzt die Geschichte mit dem Zahn und erzählte von seinen großen Schmerzen. „Ach, das haben wir gleich wieder in Ordnung gebracht. Ich setze dir einen Goldzahn ein, der bricht nicht so leicht wieder ab“, sagte der Zahnarzt und begann mit seiner Arbeit. Er gab sich große Mühe, und Balthasar musste gar nicht weinen. Bald darauf war der Zahnarzt auch schon fertig.

„Darf ich mal sehen?", fragte Balthasar neugierig. Ein Spiegel wurde gebracht und der Biber begutachtete seinen neuen, goldenen Zahn. „Der sieht ja toll aus! Viel besser als der alte!", staunte er.
Balthasar war überglücklich. Jetzt konnte er weiter an seinem Staudamm arbeiten und mit dem neuen Zahn ging das bestimmt doppelt so schnell! Stolz zeigte er Miffi seinen goldenen Zahn. Auch das Maulwurfmädchen war begeistert. „Siehst du, ein Zahnarztbesuch ist gar nicht so schlimm, wie du immer gedacht hast!" Wie Recht sie doch hatte …

# Der Ball im Baum

„Ich hab ihn!“, rief Kroko und schnappte sich den Ball. Dabei spritzte das Wasser nur so. „Jetzt bist du dran!“ Mit einem riesigen Satz pfefferte Kroko den Ball zu Dino. Kroko und Dino waren die besten Krokodil-Freunde. Fast jeden Tag spielten sie zusammen. Und eines ihrer Lieblingsspiele war Wasserball.

„Jetzt werf ich den Ball mal ganz hoch zu dir“, rief Dino und versetzte dem Ball mit seinem Schwanz einen kräftigen Schlag. Doch statt im Wasser landete der Ball mitten in der Krone eines großen Baumes.
„Oh nein“, rief Kroko, „wie sollen wir denn den Ball da wieder herunterbekommen?“
Kroko und Dino kamen aus dem Wasser und sahen sich das Unglück aus der Nähe an. Als sie unter dem Baum standen, mussten sie ihre Köpfe ganz nach oben recken – und irgendwo da oben, schon fast im blauen Himmel, so schien es, konnten sie ihren Ball erkennen. Dino seufzte laut. „Da kommen wir nicht dran. Oder kannst du auf Bäume klettern?“ Kroko verneinte. „Aber ich hab eine Idee. Pass auf!“ Er suchte sich einen langen Ast und versuchte damit nach oben zu angeln. Doch Kroko erreichte den Ball nicht im Entferntesten.

„Das geht so nicht", stellte Dino fest. „Lass mich mal!" Er nahm einen dickeren Stock und schleuderte ihn nach oben. Auf halber Höhe zum Ball kam der Stock aber schon wieder herunter. „Wir müssen das üben", meinte Dino, „bis wir den Ball da oben treffen. Dann fliegt er bestimmt runter."
Also suchte sich Kroko auch einen dicken Stock. Beide machten sich nun unermüdlich daran, auf den Ball in der Baumkrone zu zielen. Aber so sehr sie sich auch anstrengten, sie konnten den Ball nicht erreichen. Nach unzähligen Versuchen gaben die beiden völlig erschöpft auf. „Unser schöner Ball", jammerte Dino. „Jetzt können wir nie mehr Wasserball spielen." –

„Vielleicht kann ich euch ja helfen“, ertönte da plötzlich die Stimme von Gina, der Giraffe.
„Gina, du bist unsere Rettung!“, rief Kroko. „Du kommst doch bestimmt an den Ball!“ Kroko und Dino zeigten Gina, in welcher Baumkrone der Ball lag.
Und dann ging alles wie von selbst. Gina reckte ihren langen Hals, stupste den Ball mit der Schnauze einmal leicht an – und schon landete er wieder unten auf dem Boden. Kaum hatte Gina Dino und Kroko den Ball zurückgegeben, tobten die beiden schon wieder mit ihrem Spielgerät im Wasser herum und riefen: „Danke, Gina! Das werden wir dir nie vergessen.“